# PERCENTS AND RATIOS MATH ESSENTIALS
## Children's Fraction Books

All Rights reserved. No part of this book may be reproduced or used in any way or form or by any means whether electronic or mechanical, this means that you cannot record or photocopy any material ideas or tips that are provided in this book

Copyright 2016

A percent is a ratio whose second term is 100. Percent means parts per hundred.

A ratio is a relationship between two numbers indicating how many times the first number contains the second.

# A

# PERCENT

Write the following decimals as percents and vice versa, as indicated.

1. 43% = _____

2. _____ = 0.14

3. _____ = .73

4. _____ = 0.96

5. _____ = 0.81

6. _____ = 0.63

7. 49% = _____

8. _____ = 0.05

9. 64% = _____

10. _____ = 0.22

11. 69% = _____

12. 76% = _____

13. _____ = 0.98

14. _____ = 0.41

15. _____ = 0.06

16. _____ = 0.3

17. _____ = 0.75

18. _____ = 0.78

19. _____ = 0.47

20. _____ = 0.26

21. _____ = 0.85

22. _____ = 0.55

23. 44% = _____

24. 74% = _____

25. 21% = _____

26.  1% = _____

27.  _____ = 0.99

28.  _____ = 1

29.  _____ = 0.08

30.  _____ = 0.1

31. 2% = _____

32. 18% = _____

33. 29% = _____

34. 97% = _____

35. 16% = _____

# B

# PERCENT

Calculate the given percent of each value.

1. 90% of 100 = _____

2. 40% of 50 = _____

3. 10% of 75 = _____

4. 50% of 20 = _____

5. 75% of 80 = _____

6. 10% of 10 = \_\_\_\_

7. 50% of 2 = \_\_\_\_

8. 25% of 20 = \_\_\_\_

9. 90% of 50 = \_\_\_\_

10. 60% of 25 = \_\_\_\_

11. 20% of 50 = _____

12. 20% of 20 = _____

13. 75% of 40 = _____

14. 100% of 1 = _____

15. 30% of 100 = _____

16. 30% of 50 = _____

17. 20% of 25 = _____

18. 0% of 10 = _____

19. 25% of 10 = _____

20. 80% of 10 = _____

21. 30% of 200 = _____

22. 50% of 150 = _____

23. 10% of 150 = _____

24. 25% of 80 = _____

25. 25% of 60 = _____

26. 10% of 110 = _____

27. 25% of 200 = _____

28. 90% of 200 = _____

29. 1% of 200 = _____

30. 0% of 15 = _____

31. 20% of 70 = \_\_\_\_

32. 80% of 30 = \_\_\_\_

33. 50% of 140 = \_\_\_\_

34. 20% of 125 = \_\_\_\_

35. 90% of 150 = \_\_\_\_

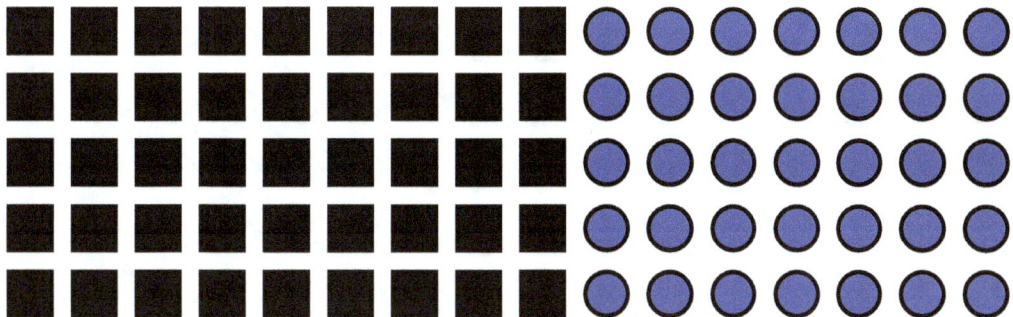

What is the ratio of  ■ to ● ?  = ____ : ____ = ____ : ____   Simplified

What is the ratio of ● to ( ■ + ● ) ?  = ____ : ____ = ____ : ____

What is the ratio of △ to ◇ ?  =  ____ : ____  =  Simplified ____ : ____

What is the ratio of ◇ to ( △ + ◇ ) ?  =  ____ : ____  =  ____ : ____

What is the ratio of ♡ to ★ ?   =  ____ : ____  Simplified = ____ : ____

What is the ratio of ★ to ( ♡ + ★ ) ?   =  ____ : ____  = ____ : ____

What is the ratio of ★ to 🟩 ?   =  ____ : ____   Simplified = ____ : ____

What is the ratio of 🟩 to ( ★ + 🟩 ) ?   =  ____ : ____   = ____ : ____

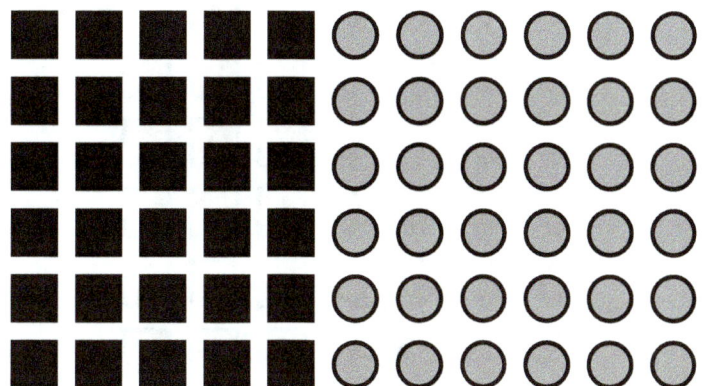

What is the ratio of  to ⬤ ?   = ____ : ____ = ____ : ____   Simplified

What is the ratio of ⬤ to (  + ⬤ ) ?   = ____ : ____ = ____ : ____

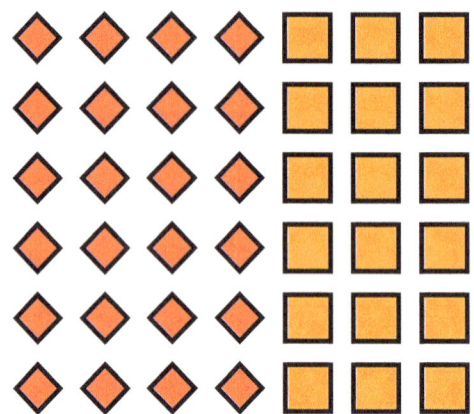

What is the ratio of                                             Simplified

◆ to ■ ?     = ____ : ____ = ____ : ____

What is the ratio of

■ to ( ◆ + ■ ) ?     = ____ : ____ = ____ : ____

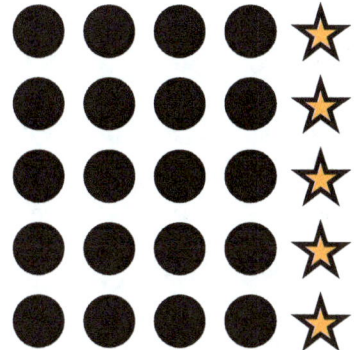

What is the ratio of                      Simplified

● to ★ ?       = ____ : ____ = ____ : ____

What is the ratio of

★ to ( ● + ★ ) ?   = ____ : ____ = ____ : ____

What is the ratio of                                 Simplified

✚ to ◇ ?     = _____ : _____ = _____ : _____

What is the ratio of

◇ to ( ✚ + ◇ ) ?   = _____ : _____ = _____ : _____

What is the ratio of ★ to ♥ ?  = ____ : ____ = ____ : ____   Simplified

What is the ratio of ♥ to ( ★ + ♥ ) ?  = ____ : ____ = ____ : ____

What is the ratio of ✚ to △ ?   =  ____ : ____   Simplified = ____ : ____

What is the ratio of △ to ( ✚ + △ ) ?   =  ____ : ____   = ____ : ____

What is the ratio of
● to ☆ ?           = ____ : ____ = ____ : ____  Simplified

What is the ratio of
☆ to ( ● + ☆ ) ?  = ____ : ____ = ____ : ____

What is the ratio of ☆ to ☐ ?  =  ____ : ____  =  ____ : ____   Simplified

What is the ratio of ☐ to ( ☆ + ☐ ) ?  =  ____ : ____  =  ____ : ____

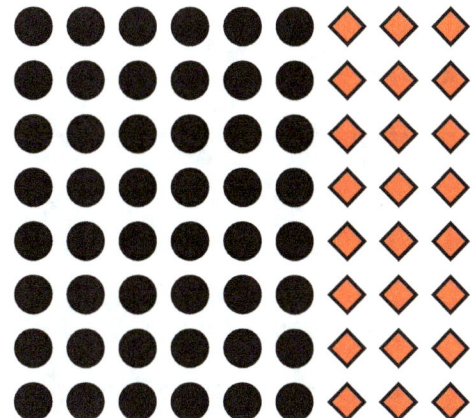

What is the ratio of ● to ◆ ?  =  ____ : ____  Simplified  =  ____ : ____

What is the ratio of ◆ to ( ● + ◆ ) ?  =  ____ : ____  =  ____ : ____

What is the ratio of                          Simplified

 to ♥ ?      = ____ : ____ = ____ : ____

What is the ratio of

♥ to (  + ♥ ) ?    = ____ : ____ = ____ : ____

What is the ratio of ◯ to ◆ ?　　　　　　　　　　Simplified

= _____ : _____ = _____ : _____

What is the ratio of ◆ to ( ◯ + ◆ ) ?

= _____ : _____ = _____ : _____

# A ANSWER

1. 0.43
2. 14%
3. 73%
4. 96%
5. 81%
6. 63%
7. 0.49
8. 5%
9. 0.64
10. 22%
11. 0.69
12. 0.76
13. 98%
14. 41%
15. 6%
16. 30%
17. 75%
18. 78%
19. 47%
20. 26%
21. 85%
22. 55%
23. 0.44
24. 0.74
25. 0.21
26. 0.01
27. 99%
28. 100%
29. 8%
30. 10%
31. 0.02
32. 0.18
33. 0.29
34. 0.97
35. 0.16

# B ANSWER

1. 90
2. 20
3. 7.5
4. 10
5. 60
6. 1
7. 1
8. 5
9. 45
10. 15
11. 10
12. 4
13. 30
14. 1
15. 30
16. 15
17. 5
18. 0
19. 2.5
20. 8
21. 60
22. 75
23. 15
24. 20
25. 15
26. 11
27. 50
28. 180
29. 2
30. 0
31. 14
32. 24
33. 70
34. 25
35. 135

# C ANSWER

1. = 45 : 35 = 9 : 7
   = 35 : 80 = 7 : 16

2. = 56 : 40 = 7 : 5
   = 40 : 96 = 5 : 12

3. = 27 : 63 = 3 : 7
   = 63 : 90 = 7 : 10

4. = 72 : 40 = 9 : 5
   = 40 : 112 = 5 : 14

5. = 30 : 36 = 5 : 6
   = 36 : 66 = 6 : 11

6. = 24 : 18 = 4 : 3
   = 18 : 42 = 3 : 7

7. = 20 : 5 = 4 : 1
   = 5 : 25 = 1 : 5

8. = 20 : 45 = 4 : 9
   = 45 : 65 = 9 : 13

# ANSWER

**9.**  = 48 : 36 = 4 : 3
       = 36 : 84 = 3 : 7

**10.** = 7 : 63 = 1 : 9
       = 63 : 70 = 9 : 10

**11.** = 15 : 20 = 3 : 4
       = 20 : 35 = 4 : 7

**12.** = 10 : 25 = 2 : 5
       = 25 : 35 = 5 : 7

**13.** = 48 : 24 = 2 : 1
       = 24 : 72 = 1 : 3

**14.** = 35 : 5 = 7 : 1
       = 5 : 40 = 1 : 8

**15.** = 12 : 54 = 2 : 9
       = 54 : 66 = 9 : 11

www.ingramcontent.com/pod-product-compliance
Lightning Source LLC
LaVergne TN
LVHW082254070426
835507LV00037B/2284